우리 민족은 일제의 한·일 합병에
항일 민족 운동으로 맞섰어요.
애국지사들은 여러 애국 계몽 단체들을
만들고 교육과 산업을 일으켜 나라의 힘을
키우려고 했어요. 이런 과정에서 일본에 진
빚을 갚아 나라의 경제 자립을 이루기 위해
국채 보상 운동을 펼치기도 했어요.

추천 감수 박현숙(고대사)

고려대학교 사범대학 역사교육과를 졸업하고 동 대학원에서 문학박사 학위를 받았습니다. 현재 고려대학교 사범대학 역사교육과 교수로 재직 중이며, 백제 문화와 고대 인물사 등에 대한 활발한 연구를 계속하고 있습니다. 쓴 책으로 〈백제의 중앙과 지방〉, 〈한국사의 재조명〉 등이 있습니다.

추천 감수 정구복(고려사·조선사)

서울대학교 사범대학 역사교육과를 졸업하고 서강대학교에서 문학박사 학위를 받았습니다. 한국학중앙연구원 한국학대학원의 교수로 재직 중이며, 한국학중앙연구원 한국학대학원 원장을 역임하였습니다. 쓴 책으로 〈한국인의 역사 의식〉, 〈역주 삼국사기〉, 〈한국 중세 사학사 1, 2〉 등이 있습니다.

추천 감수 김한종(근현대사)

서울대학교 사범대학 역사교육과를 졸업하고 동 대학원에서 역사교육을 전공하여 문학박사 학위를 받았습니다. 현재 한국교원대학교 교수로 재직 중입니다. 쓴 책으로 〈역사 교육 과정과 교과서 연구〉, 〈역사 교육의 내용과 방법〉(공저), 〈한·중·일 3국의 근대사 인식과 역사 교육〉(공저), 〈역사 교육과 역사 인식〉(공저) 등이 있습니다.

고증 문중양(과학사)

서울대학교 계산통계학과를 졸업하고 동 대학원에서 이학박사 학위를 받았습니다. 쓴 책으로 〈우리 역사 과학 기행〉, 〈우리의 과학문화재〉(공저), 〈세종의 국가 경영〉(공저) 등이 있습니다.

고증 정연식(생활사 및 복식)

서울대학교 국사학과를 졸업하고 동 대학원에서 문학박사 학위를 받았습니다. 쓴 책으로 〈조선 시대 사람들은 어떻게 살았을까?〉(공저), 〈일상으로 본 조선 시대 이야기 1, 2〉 등이 있습니다.

글 김육훈

전국역사교사모임의 창립 회원이며, 2002년부터 4년 동안 회장을 지냈습니다. 대안적 교육 과정과 교과서에 대한 소망을 담아 〈살아 있는 한국사 교과서〉, 〈살아 있는 세계사 교과서〉, 〈우리 아이들에게 역사를 어떻게 가르칠 것인가〉 등을 펴내는 데 참가하였습니다. 학생들이 토론하면서 자기 생각을 만들기 바라며 〈쟁점으로 보는 한국사〉를 펴냈고, 중학교 사회1, 2, 고교 공통사회 교과서(검정) 집필에 참가하였으며, 고등학교 국사 교과서(국정) 집필에도 참가하였습니다.

그림 김충권

홍익대학교 응용미술학과를 졸업하고 김충권일러스트레이션을 운영했습니다. 1984년 일러스트 부문과 디자인 부문에서 중앙광고대상을 수상했으며 〈자연 농원 중국 고대과학전〉 일러스트, 에버랜드 〈공룡전〉 일러스트를 맡기도 했습니다. 그린 책으로 〈카네기〉, 〈레오나르도 다 빈치〉 등이 있습니다.

이미지 제공

연합포토, 중앙포토, 국립중앙박물관, 국립부여박물관, 국립경주박물관, 국립민속박물관, 유연태(사진작가), 허용선(사진작가)

광개토 대왕 이야기 한국사 59 일제 강점기

고통받는 조선 백성들

총기획 및 발행인 박연환
발행처 (주)한국헤르만헤세
출판등록 제17-354호
연구개발원 경기도 성남시 분당구 금곡동 444-148
대표전화 (031)715-7722
팩스 (031)786-1100
본사 서울시 송파구 석촌동 7-3
대표전화 (02)470-7722
팩스 (02)470-8338
고객문의 080-715-7722
편집 임미옥, 백영만, 윤현주, 지수진, 최영란
디자인 장월영, 주문배, 김덕준, 김지은

이 책의 표지는 일반 용지보다 1.5배 이상 고가의 고급 용지인 드라이보드지를 사용해 제작하였습니다. 표지를 드라이보드지로 제작하면 습기의 영향을 덜 받기 때문에 본문 용지가 잘 울지 않고, 모양이 뒤틀리지 않아 책을 오랫동안 보존할 수 있습니다.

이 책은 기존의 석유 잉크 대신 친환경 식물성 원료인 대두유 잉크를 사용하여 인쇄하였습니다. 대두유 잉크는 선진국에서 널리 사용하고 있는 고가의 대체 잉크로, 휘발성이 적어 인쇄 상태의 보존이 용이하고, 인체에 무해할 뿐만 아니라 눈에 부담을 주지 않는 자연스러운 색을 내는 특징이 있습니다.

고통받는
조선 백성들

감수 **김한종** | 글 **김육훈** | 그림 **김충권**

한국헤르만헤세

일본에 나라를 빼앗기다

나라를 팔아먹은 이완용

1910년 8월 29일, 경복궁에 일본 국기가 내걸렸어요.
그것은 일본이 대한 제국을 모두 차지했다는 뜻이었어요.
대한 제국이 사라진 날, 황성신문에는 다음과 같은 기사가 실렸어요.

일본과 대한 제국 두 나라가 합병을 하였다.

'대한 제국의 황제가 나라를 일본에 넘겨주었고,
일본 천황이 이를 기쁘게 받아들였다.'는 내용도 실려 있었어요.
"어떻게 하다 이렇게 되고 말았나?"
"이제 어떻게 하면 좋단 말인가?"
많은 사람들이 가슴을 치며 아파했어요.
우리 민족은 예로부터 다른 민족의 침략을 많이 받았지만,
그럴 때마다 용감하게 싸워 물리쳤어요.
그런데 일본에 나라를 빼앗기고, 그들의 식민지가 된 거예요.
나라를 빼앗겼다는 소식이 전해지자, 온 나라가 슬픔에 잠겼어요.
나라를 빼앗긴 것이 마치 자기 잘못인 듯,
가슴을 치며 우는 사람도 있었어요.

세와 짐승도 냇가에서 슬피 우는데,
무궁화 나라는 이미 사라졌는가?
가을 등불 아래 책 덮고 옛일을 돌이켜 보니
글 아는 사람 구실 참으로 어렵구나.

유학자 황현은 이런
시를 남기고 목숨을
끊었어요.

나의 잘못이다.
우리의 잘못이야!

사람들은 황현의 시를 돌려 읽으며 다짐했어요.

"황현 선생의 죽음을 헛되게 하지 말자!"

"선생의 뜻을 기억하고, 우리가 할 수 있는 일을 찾자!"

황현의 나라 사랑 정신은 백성들의 가슴과 가슴으로 전해졌어요.

반대로 대한 제국을 합병한 일본은 잔치 분위기였어요.

"우리 땅이 그만큼 넓어진 거야?"

"종처럼 부릴 인구가 1,300만 명에 이른다네."

한·일 합병을 발표하던 날, 대한 제국을 빼앗는 데 앞장섰던

데라우치는 무척 감격스러웠어요. 그는 300여 년 전 조선을 침략한

장수들을 떠올리면서 시 한 수를 썼어요.

▲ 고종으로부터 재정 지원을 받았던 〈황성신문〉

**고바야카와, 가토, 고니시가 살아 있다면
그들은 오늘 저녁의 이 달을 어떻게 보았을까?**

데라우치는 임진왜란을 일으켜 우리나라를 피로 물들였던
침략의 역사를 반성하기는커녕, 그들이 못 이룬 꿈을
자신이 이루었다고 감격스러워했던 거예요.
데라우치가 서울에 온 것은 1910년 7월이었어요.
그는 먼저 친일파인 이완용을 총리 대신에 앉혔어요.
이완용은 1905년, 우리의 외교권을 일본에 넘겨주는 데 앞장섰고,
이후에도 대한 제국을 일본에 팔아넘기는 짓을 했어요.
이완용이 대한 제국 최고 관리인 총리 대신이 되자,
데라우치가 자신의 사무실로 그를 불러들였어요.
"이제 일을 마무리할
때가 되었소."
이완용이 대답했어요.
"일본이 대한 제국을
합병해 준다면 한국의
발전에 큰 도움이 될
것입니다."
두 사람의 대화는
막힘없이 이어졌어요.

어떻게 나라를
일본에 넘기는 데
앞장설 수가 있어.

▲ 친일 민족 반역자인 이완용

데라우치와 이완용은 빨리 두 나라를 합치자고 약속했어요.

이때가 1910년 8월 16일이었어요.

엿새 후인 8월 22일, 황제와 대신들이 참석한 회의가 열렸어요.

총리 대신인 이완용이 입을 열었어요.

"일본이 황실을 잘 지켜 주겠다고 약속했습니다.

폐하께서도 나라를 넘겨주는 데 앞장서시옵소서."

"일본에 나라를 넘겨준다니, 무슨 당치 않은 소리요?"

"그렇게 하지 않으면 일본은 황실을 지켜 주지 않을 것입니다.

그러면 황제 폐하의 목숨도 위태로워질 것입니다."

폐하, 대한 제국을 일본에 넘기셔야 합니다.

이완용과 일본의 요구를 받아들인다는 것은 수백 년 동안 이어 온
조선 왕조의 문을 닫는 엄청난 일이었어요.
순종 자신도 절대로 받아들이기 어려운 일이었지요.
그러나 일본과 맞서 싸울 힘이 없었어요.
순종은 믿을 수 없는 현실에 가슴을 쳤어요.
'아, 왜 이런 일을 예상하지 못하였을까?
의병들이 나라를 위해 일본군과 맞서 싸울 때
왜 왕실에서는 그들을 돕지 못했던가?

싸울 힘조차 없는데,
이 일을 어쩐단
말인가?

백성들과 뜻을 같이하여 싸웠다면,

오늘 같은 일은 일어나지 않았을 텐데……'

순종은 지난날이 후회스럽고 조상들에게 죄스러웠어요.

순종이 할 말을 잊고 긴 한숨을 쉬고 있을 때

이완용이 그 틈을 타 말을 이었어요.

"폐하께서 반대하지 않으시니, 그 뜻을 일본에 전하겠습니다."

회의가 끝난 뒤, 이완용은 데라우치를 찾아갔어요.

"황제를 설득하여 합병하기로 하였소.

내 공을 모른 척하면 안 됩니다."

이완용은 자신이 저지른 일을

우리 국민들에게는 알리지 못했어요.

나라를 팔아먹는 데 앞장선 자신을 죽이기 위해

결사대가 조직된 것을 알고 있었기 때문이에요.

데라우치도 두렵기는 마찬가지였어요.

합병 사실을
당분간 알리지
맙시다.

데라우치, 우리 것을 없애다

일본과 대한 제국의 합병이 결정되었지만, 데라우치는

일주일이 넘도록 이 사실을 알리지 않았어요.

그는 목숨을 걸고 싸우던 조선 사람들을

똑똑하게 기억하고 있었어요.

또한 이들의 저항을 누르기 위해

많은 일본 군대가 동원된 것도

잘 알고 있었지요.

당연하지요.
사실 난 조선의
의병이 무섭소.

데라우치는 치밀하게 우리 것을 없애기 시작했어요.

'강하게 누르지 않으면 독립을 하겠다고 들고일어날 거야.'

그는 '대한'이란 말과 황제를 연상시키는 말,

조선의 독립을 상징하는 말을 쓰지 못하게 했어요.

이때부터 신문에서 '대한'이란 말이 사라졌어요.

그래서 대한민보는 민보로, 대한매일신보는 매일신보로,

대한신문은 한양신문으로 이름을 바꾸어야 했어요.

고종 황제의 즉위식이 열렸던 환구단도 없앴어요.

"더 이상 대한 제국과 황제가 없으니, 환구단을 헐어 버리게."

환구단을 헐어 낸 자리에는 철도 여관을 지었어요.

"하하하, 하늘에 제사 지내는 곳에서 하룻밤이라!

▲ 서울시 중구에 있는 환구단

없어진 나라의 황실이
신성한 체하는 꼴 안 봐도
되겠군."
철도 여관은 나중에
조선 호텔로 바뀌었어요.
데라우치는 일본인 경찰과
관리들에게 말했어요.
"일본 법에 복종하지 않는
조선인은 죽여야 한다."

대한 제국 황제의
즉위식이 열렸던 곳이자
하늘에 제사를 지내던
곳이지.

조선 사람들은 일본군과 경찰이 무서워서 저항할 생각을 못했어요.

그렇다고 독립에 대한 꿈을 접은 것은 아니었지요.

이토 히로부미를 죽인 안중근에게 안명근이란 사촌 동생이 있었어요.

안명근은 나라 밖에서 독립 투쟁을 벌이고 있었어요.

1910년 11월 어느 날, 안명근이 국내로 숨어들었어요.

독립운동에 필요한 돈을 구하기 위해서였지요.

그러다 그만 일본 경찰에게 붙잡히고 말았어요.

"이토 히로부미를 죽인 안중근의 동생이라······.

넌 또 누구를 죽이려고 왔느냐? 혹시 데라우치 총독?"

"아니다!"

"아니긴 뭐가 아니냐? 어디 혼 좀 나 봐라."

일본 경찰의 목적은 독립운동의 싹을 자르는 것이었어요.

그래서 데라우치 암살 사건을 꾸며 애국지사들을 잡아들였지요.

이때 양기탁, 안창호, 이승훈, 이동휘 등이 잡혀 왔어요.

그들은 일본 경찰에 모진 고문을 당했어요.

"데라우치 총독을 죽이려고 했지. 다 알고 있다.

사실대로 말하면 목숨만은 살려 주겠다."

잡혀 온 사람들은 너무 힘들었지만

있지도 않은 일을 꾸며 낼 수는 없었어요.

"억지 쓰지 말고, 차라리 죽여라."

이때 일본인에게 끌려간 사람이 무려 600여 명이었고,

그중에는 없는 죄를 자백하라며 고문을 당하여

세상을 떠난 사람도 있었어요.

결국 일제는 105명이나 되는 애국지사에게 터무니없는 죄를

뒤집어씌웠어요.

최종 재판에서는 99명이 무죄 판결을 받았고,

윤치호 등 6명 만이 5~6년의 징역형을 받았어요.

일제가 만들어 낸 암살 음모 사건은 이렇게 끝이 났어요.

105명이 잡혀간 이 일을 '105인 사건'이라고 해요.

데라우치와 그 부하들은 없는 죄를 지어내는 데 그치지 않았어요.

"구걸을 하는 사람, 청소를 하지 않는 사람도 범죄자다.

단체에 가입하라고 권하거나, 돌을 던지는 사람도 마찬가지다."

이렇게 어이없는 죄를 만들어 걸핏하면 사람을 잡아가고,

재판도 없이 멋대로 벌을 주는 경우가 많았어요.

벌 중에 태형이란 것이 있었어요.

사람을 판자 위에 엎드리게 한 뒤, 양팔과 양다리를 묶은 다음

아랫도리를 내리고 엉덩이를 몽둥이로 때리는 벌이에요.

이때 비명이 새어 나가지 못하게 하려고

물에 적신 천으로 입을 막고 매를 때렸어요.

조선에서는 야만적인 형벌이라 하여 태형을 없앴는데

일본이 조선 사람들을 이런 형벌로 다스린 거예요.

이렇게 말도 안 되는 죄를 덮어씌우고 터무니없이 벌을 준 것은,

일본이 조선 사람들의 저항을

두려워했기 때문이에요.

또 조선에서 잘못된 행동을 하고

있다는 것을 스스로도

알고 있었기 때문이에요.

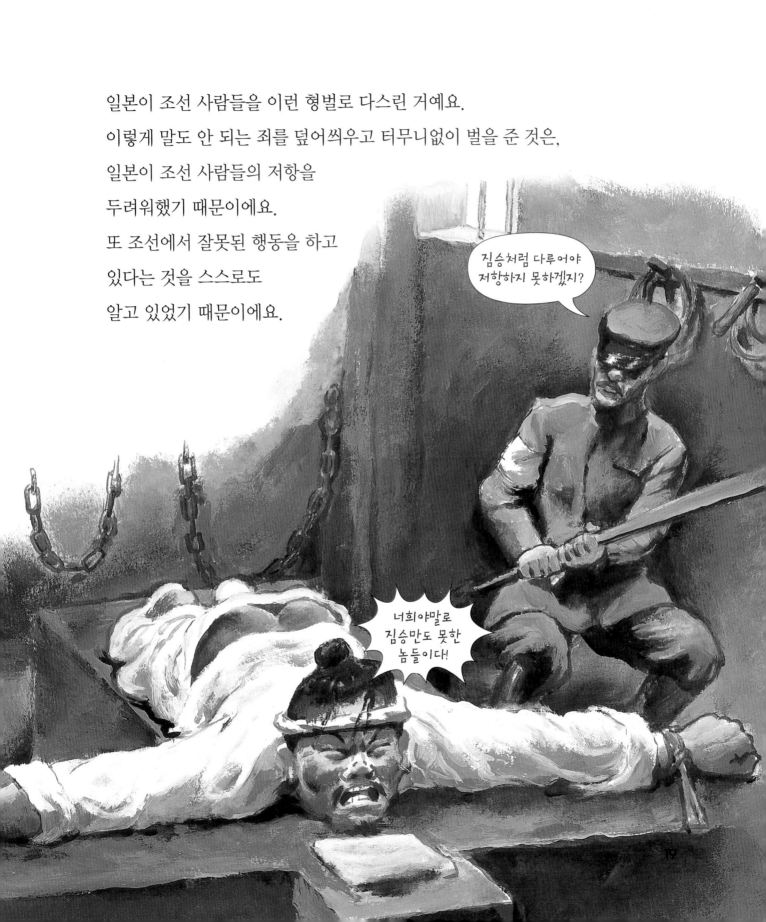

우리말과 역사를 배울 수 없게 되다

일본 사람들은 조선이 발전하려면 일본의 도움을 받아야 한다고
거짓 주장을 늘어놓았어요.
조선이 발전하면 강제로 지배할 수가 없다는 걸
일본 사람들은 잘 알고 있었던 거예요.
그래서 조선 사람들이 학교를 세우거나 공장 짓는 것을 막았지요.

20

공부를 많이 하면 민족의식을 갖게 되고,

공장이 늘어나면 조선 사람이 잘살게 되거든요.

"조선 사람들은 일본이 시키는 대로만 하면 돼. 공부는 무슨,

정 공부를 하려면 일본 학생들보다 적게 해야겠지."

일본은 6년 과정의 보통학교(초등학교)를 4년으로 줄였어요.

대학교는 아예 짓지 못하도록 법을 만들었어요.

"학교는 충성스러운 일본 국민을 만드는 곳이다.
따라서 조선말과 조선의 역사를 가르칠 수 없다!"

일본은 우리말과 글, 역사, 지리 과목을 없애 버렸어요.

그리고 하루에 두 시간씩 일본어를 가르쳤어요.

또 일본 역사와 지리도 배우도록 했어요.

뿐만 아니라 모든 학교에 조선인 교사와 학생들을

감시하기 위해 일본인 교사를 두었어요.

학교의 책임자도 모두 일본인으로 바꾸었지요.

일본인 교사는 수업을 할 때 칼을 차고 교실에 들어오기까지 했어요.

흥~ 반드시
너희 일본을 물리치고
독립을 이루리라.

일본은 조선 사람이 감히 대항할 생각조차 못하도록 했어요.

그러나 조선 사람들은 일본의 생각처럼 되지 않았어요.

언젠가는 일본을 물리치고 반드시 독립을 이루겠다는

사람들이 점점 늘어만 갔답니다.

어둠을 밝힌 사람들

마지막 의병장, 채응언

나라를 빼앗긴 지 한 달이 채 지나지 않은 1910년 9월,

채응언이 사람들을 모아 놓고 이렇게 말했어요.

"우리가 죽지 않았다는 걸 보여 줍시다.

목숨을 걸고 일본 놈들과 싸웁시다."

평안도 출신인 채응언은 1907년에 의병 대장이 되었어요.

그는 일본군 부대를 공격하고, 일본의 앞잡이들을 혼냈어요.

부자의 재물을 빼앗아 가난한 사람에게 나누어 주기도 했지요.

목숨을 걸고 싸우자.
빼앗긴 나라를
되찾자.

그런 채응언이 한일 합병 직후에 다시 동지들을 모았어요.

채응언 부대는 이천의 일본군 수비대를 공격했어요.

일본군 여러 명을 죽이고, 신식 무기를 빼앗았지요.

그 뒤에도 여러 차례 일본군을 괴롭혔어요.

헌병 수비대를 공격하고, 일본군이 쓰는 통신망도 망가뜨렸어요.

일본군은 채응언을 잡기 위해 눈에 불을 켜고 다녔어요.

수색 팀을 다섯 개나 만들고 큰 상금을 내걸었지요.

1915년 7월 5일, 채응언은 활동 자금을 마련하기 위해

평안남도 성천의 어느 부잣집을 찾아갔어요.

그가 대문 안으로 들어서자 일본 헌병들이 들이닥쳤어요.

성천의 부자가 일본 헌병대에 몰래 알렸던 거예요.

채응언은 일본 검사의 재판을 받았어요.

"사람을 해치고 재물을 빼앗은 도적이다.

그러니 너는 죽어 마땅하다."

"남의 나라를 빼앗고 남의 나라 사람들을

해치는 네놈들이 도적 아니더냐?"

채응언은 오히려 일본 검사를 꾸짖었어요.

채응인은 사형 선고를 받았어요.

그는 일본에 빼앗긴 나라를 되찾으려던

마지막 의병장이었어요.

애국지사들이 만든 대한 광복단

1915년 어느 날, 대구 달성 공원에 사람들이 모였어요.

그들 중에는 채기중과 박상진이 있었어요.

채기중은 풍기에서 의병 활동을 하였던 이들과 손을 잡고

대한 광복단이란 단체를 만든 사람이에요.

그는 독립군 동지를 모으고 자금을 마련하고 있었어요.

박상진은 판사 시험에 합격한 사람이었어요.

하지만 나라가 일본에 넘어가자 일본과 싸우기로 결심했어요.

"일본에 빼앗긴 나라를 되찾으려면 의병으로는 안 됩니다.

신식 무기를 갖추고 제대로 훈련된 군사가 있어야 해요."

"하지만 나라 안에서 어떻게 군사를 키운단 말입니까?"

"일본의 눈길이 미치지 않는 곳으로 나가면 됩니다.

독립군을 키울 군사 기지를 만듭시다."

▲ 대한 광복단 기념 공원

군대에 필요한 자금은 나라 안에서 마련하기로 하였어요. 이렇게 해서 대한 광복회라는 단체가 만들어졌어요. 모아진 자금은

24

나라 밖에서 군대를 키우던 사람들에게 전해졌어요.

대한 광복회 회원들은 일본에 빌붙어 권세를 누리던 이들을

민족의 이름으로 죽이기도 하였어요.

1917년 음력 9월, 광복회 회원인 채기중, 강순필, 유창순 세 사람이

경상도 칠곡의 친일파 부자 장승원의 집을 찾아갔어요.

장승원은 나라를 빼앗기기 전 높은 벼슬을 하던 사람이에요.

일본에 나라를 빼앗긴 뒤에는 민족을 배반하고,

나라를 파는 일에 앞장서고 있었지요.

25

여행객인 체하고 하룻밤을 묵은

세 사람은 아침에 장승원을 만났어요.

"재워 주셔서 정말 고맙습니다."

"다행입니다. 잘 주무셨다니."

장승원이 껄껄 웃는 순간,

두 사람이 품속에서 권총을 꺼내 들었어요.

"친일 매국노, 너를 민족의 이름으로 처단한다."

"무, 무슨 일이냐! 도대체 네놈들은 누구냐?"

순간 세 발의 총탄이 발사되어

장승원의 몸을 뚫고 나갔어요.

친일 부자 장승원이 죽임을 당했다는 소식에

전국의 친일파들이 두려움에 떨었어요.

이듬해 박상진, 채기중 등이 붙잡혔어요.

이들은 모진 고문을 받고 죽임을 당했어요.

대한 광복회의 활동에 친일파들은 두려움에 떨었지만,

조선 백성들은 뜨거운 박수를 보냈어요.

애국지사들의 용기 있는 행동에 힘을 얻어

독립 투쟁에 나서는 이들이 점점 늘어 갔답니다.

일제, 토지와 경제를 손아귀에 넣다

을사조약을 맺은 뒤, 일본은 각종 도로와 시설을 만드는
공사를 벌였어요.
대한 제국을 근대화시킨다는 구실이었지요.
그런데 그 비용을 모두 일본 정부에게서 꾸어 쓰도록 강요했어요.
결국 우리나라는 일본에 갚기 힘든 많은 빚을 지고 말았어요.
"이러다간 빚 때문에 나라의 주권마저 일본에 빼앗길 것이오."
"술과 담배를 끊고 온 국민이 돈을 모읍시다.
그 돈으로 빚을 갚고 나라를 위기에서 구합시다!"
이렇게 시작된 국채 보상 운동은 전국 방방곡곡으로 퍼져 나갔어요.
하지만 통감부의 방해로 중간에 뜻이 꺾이고
말았어요.

또한 일제는 1912년부터 토지 조사
사업을 벌여 주인이 없거나 신고가
안 된 땅은 모조리 빼앗아 갔어요.
조선 총독부가 이런 방식으로 빼앗은
땅이 40퍼센트에 이르러요.
이 땅을 일본 사람들에게 싸게 팔았어요.
이로써 조선의 경제권은 대부분
일본 사람들에게 넘어갔어요.

우리 국민들은
어려운 일이 있으면
언제나 똘똘 뭉쳐.

아이엠에프(IMF)
때에도 금모으기
운동을 했는데….

1920년부터는 '산미 증산 계획'을 세워 쌀 생산을 늘렸어요.
일제는 우리 쌀을 헐값에 사서 자기 나라로 가져갔어요.
당시 일본은 전쟁 준비로 식량이 크게 모자랐거든요.
먹을 것이 없어진 조선 사람들은 풀뿌리와 나무껍질로
허기진 배를 채워야 했지요.

독립군 기지를 만들다

경상도 안동에 이상룡이라는 사람이 살고 있었어요.
아흔아홉 칸 집에서 떵떵거리며 살던 양반이었지요.
을사조약이 맺어지자 그는 논밭을 팔아 가야산으로 갔어요.
그곳에서 의병을 일으켜 일본군과 싸우기 위해서였지요.
하지만 이상룡도, 의병들도 싸워 본 경험이 없었어요.
최신 무기로 싸우는 일본군을 이길 수 없었지요.
의병 활동을 접고 집으로 돌아온 이상룡은 생각에 잠겼어요.

이상룡은 해외에서
독립운동을
벌였어.

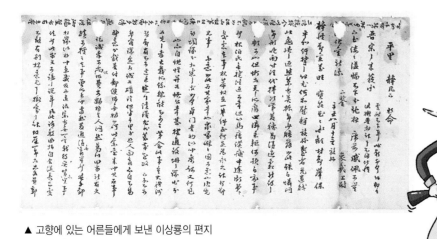

▲ 고향에 있는 어른들에게 보낸 이상룡의 편지

"어떻게 하면 일본을 이길 수 있을까?"
이상룡은 새 교육을 받고 새 기술을 익히는 것이
우리나라가 빨리 독립할 수 있는 길이라고 생각했어요.
이상룡은 곧바로 자신의 생각을 행동으로 옮겼어요.
뜻을 같이하는 사람들과 돈을 모아 학교를 세웠지요.
학생을 가르칠 교재를 만들고, 강연회도 열었어요.
어느 날, 이상룡은 집안 노비들을 한자리에 불렀어요.
"지금까지 우리 집 살림을 돌봐 줘서 정말 고맙네.
이제부터 자네들은 자신과 가족을 위해서 살도록 하게."
이상룡은 노비들을 자유로운 몸이 되게 해 주었어요.
그들이 먹고살 수 있도록 땅문서도 나누어 주었지요.
이상룡은 나라를 위해 일하는 동안 생각이 바뀌었어요.
일본이 조선을 차별하지 않아야 하듯이,
주인과 노비의 차별도 없어야 한다고 생각한 거예요.
어느 날, 신민회 회원이 그를 찾아왔어요.
"도와주십시오. 국경을 넘으려고 합니다."
"내 나라를 버리고 떠나겠다는 것이오?"
"일본인들이 감시하지 않는 곳에서
본격적으로 독립운동을 하려고 합니다."

두만강 건너편에는 북간도와 연해주가 있어요.

그곳에는 수십만 명의 조선 사람이 살고 있었어요.

북간도와 연해주는 중국과 러시아의 땅이에요.

그래서 일본 군인이나 경찰이 함부로 날뛸 수 없어요.

독립투사들은 강만 건너면 언제든지 일본군을 공격할 수 있었어요.

이 때문에 독립 운동가들이 북간도와 연해주로 모여들었어요.

그곳을 중심으로 학교도 만들고 독립군도 키울 생각이었지요.

소식을 듣고 이상룡은 재산을 정리하여 북간도로 갔어요.

그와 함께 북간도로 떠난 집이 50여 가구나 되었어요.

그들은 매서운 바람을 헤치며 북으로 북으로 올라갔어요.

고생 끝에 도착한 곳이 오늘날 류허 현의 삼원포였어요.

이상룡은 그곳에서 신민회를 이끌던 이회영을 만났어요.

"이 선생, 잘 오셨소."

▲ 독립 운동가 이상룡의 생가

"우리 함께 힘을 모아 반드시 조선의 독립을 이룩합시다."
이상룡과 이회영은 뜨겁게 두 손을 마주 잡았어요.

이상룡에게 함께 일하자고
권한 사람은 이회영이었어요.
이회영은 좋은 집안 출신으로,
재산도 넉넉했어요.
그는 편하게 살 수도 있었지만
보람된 일을 하고 싶었어요.
여섯 형제가 모인 자리에서
이회영은 이렇게 말했어요.
"우리는 명문 집안입니다.
일본에 나라를 빼앗겼는데
가만히 있을 수는 없지요.
나라를 되찾기 위해 싸워야 해요.
만주에 독립운동 기지를 세워
독립군을 키울까 합니다."
큰형 이건영이 입을 열었어요.
"아우를 혼자 보낼 수는 없네.
나도 함께 가야겠어."
"우리도 함께하겠습니다."
여섯 형제는 재산을 모두 팔아
함께 북간도로 갔지요.

가자! 가서
독립군 기지를
세우자!

33

북간도에 모인 사람들은 경학사란 단체를 만들었어요.

이상룡을 대표로 뽑고, 이회영 등에게 단체의 일을 맡겼지요.

경학사는 300여 명의 회원 모두가 주인인 단체였어요.

이곳에 오기 전에 어떤 일을 했는지 아무도 묻지 않았어요.

양반이었는지 노비였는지도 따지지 않았어요.

모두가 빼앗긴 나라를 되찾겠다는 마음 하나로 뭉친 동지였어요.

"농사도 함께 짓고 군사 훈련도 함께합시다."

회원들은 낮에는 땀 흘려 일하고 밤에는 공부를 했어요.

중요한 일은 모두가 함께 의논하여 결정하였지요.

이회영은 특히 학교를 짓는 데 온 힘을 기울였어요.

경학사를 만든 지 얼마 지나지 않아 '신흥 강습소'가 세워졌어요.

▲ 이회영의 여섯 형제 중 한 사람인 이시영

독립군을 길러내는 데 힘썼어.

새로운 정신을 불러일으키며 새 나라를 건설하겠다는 의미예요.

초대 교장은 이상룡이 맡았어요.

이 학교는 신흥 중학, 신흥 무관 학교로 이름을 바꾸며

10년 동안 수많은 독립군을 길러 냈어요.

학교가 세워지자 소식을 전해 들은 청년들이 많이 모여들었어요.

학생들에게 학비를 받지 않아 마음놓고 공부할 수 있었지요.

독립군 학교답게 총칼 다루는 법은 물론 지도를 보고 적의 진지에

침투하는 법 등의 전문적인 군사 훈련도 받았어요.

한꺼번에 수십 리 먼 길을 행군하고 날마다 산과 들을 뛰어다니며

체력 훈련도 했어요.

고된 훈련이 이어졌지만 아무도 불평하지 않았어요.

일본에 빼앗긴 나라를 되찾겠다는 목표가 있었기 때문이에요.

해마다 많은 청년이 신흥 강습소를 찾았으며

자부심을 갖고 열심히 공부했어요.

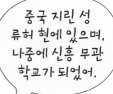

중국 지린 성
류허 현에 있으며,
나중에 신흥 무관
학교가 되었어.

▲ 이회영 등이 세운 신흥 강습소 유적지

비밀 결사대, 신민회를 조직하다

"여러분, 꺼져 가는 등불 같은 나라를 되살려야 합니다.

그러려면 첫째, 나라 사랑하는 마음을 길러야 합니다.

둘째, 힘써 배워서 우리 스스로 실력을 길러야 합니다."

1907년, 미국에서 돌아온 안창호는 전국 여러 곳을 돌아다니며

애국심을 불러일으키는 연설을 했어요.

곳곳에서 일본 경찰이 감시의 눈길을 번득였지만,

그럴수록 안창호는 더욱더 목소리를 높였어요.

힘이 넘치는 연설에 청중은 깊은 감명을 받았어요.

당시 안창호는 윤치호, 양기탁, 이동휘 등과 '신민회'라는

비밀 조직을 만들었어요.

새로운 정신을 길러 새 나라를 세웁시다!

"국민에게 민족의식과 독립사상을 심어 줍시다.

나라의 장래를 짊어질 청소년들을 교육하고,

상공업 기관을 세워 국민들의 생활이 나아지게 합시다."

이런 목표를 정하여 여러 학교를 세우고 인재를 길러 냈어요.

안창호가 평양에 대성 학교를, 이승훈이 정주에 오산 학교를 세웠어요.

또한 일반인들을 상대로 민족정신을 일깨우는 강연회를

활발하게 펼쳤으며, 산업 발전을 위해 평양과 마산 등에

도자기 회사를 세우기도 했어요.

신민회는 나라 밖에 독립운동 기지를 만드는 데도 앞장섰어요.

"압록강 건너편에 새로운 조선 사람 마을을 만듭시다.

일제의 감시가 미치지 않는 곳에서 독립 전쟁을 준비합시다."

이때 만주 삼원보, 밀산부 한흥동, 연해주에 신한촌이 생겼어요.

훗날 애국지사들은 이곳을 발판으로 독립운동을 펼쳤어요.

일제의 감시를 피해 활동하던 신민회는 1911년에 없어졌어요.

　'105인 사건'으로 간부들이 모두 잡혀갔기 때문이지요.

　　"그렇게 잡아들인다고 대한의 정신을 꺾을 수는 없다.

　　　언젠가는 반드시 대한의 독립을 이루고 말겠다."

　　　안창호는 굳게 다짐을 하며 중국 망명길에

　　　　올랐어요.

일본, 식민지 건설을 시작하다

1910년, 일본은 대한 제국을 강제로 합병하여 식민지로 만들었어요. 순종 황제를 내쫓고, 일본 관리들이 들어와 정치와 경제를 마음대로 주물렀지요. 토지 조사를 벌여 땅을 빼앗고, 쌀, 광물 등을 실어 가기 위해 신작로와 철도를 건설하였어요.

❀ 조선 총독부를 세우다

일본이 우리나라를 지배하기 위해 만든 기관이 조선 총독부예요. 조선 황실의 기를 누르기 위해 경복궁의 중심 건물인 근정전을 가리는 곳에 지었지요. 대한 제국을 빼앗는 데 앞장선 데라우치 마사타케가 초대 총독이 되어 본격적으로 식민지 정책을 펼쳤어요. 언론 매체를 탄압하고, 애국지사를 잡아들였으며 일본식 교육을 강요했어요.

▲ 일본이 우리나라를 지배하기 위해 세운 조선 총독부

❀ 토지와 자원을 빼앗다

일본은 조선의 경제권을 빼앗기 위해 1908년, 동양 척식 주식회사를 세웠어요. 제일 먼저 토지 조사 사업을 벌여 주인이 분명하지 않은 땅, 신고하지 않은 땅, 나라 소유의 땅 등을 차지해 일본인에게 싸게 팔고, 우리 국민이 농사지은 쌀을 헐값에 사서 일본으로 가져갔어요. 이 때문에 우리나라 사람들은 굶주림에 시달려야 했어요.

돈이 낡았다고 바꿔 주지 않다니 그런 법이 어딨소!

낡은 돈은 바꿔 줄 수 없소. 새 돈을 가져오시오.

❀ 화폐를 바꾸고 은행을 독차지하다

화폐 제도도 바꾸어 일본 돈만 쓸 수 있게 했어요. 낡은 지폐는 새 돈으로 바꾸어 주지 않는 방법 등으로 우리나라 사람들에게 큰 손해를 입혔지요. 여러 가지 사업을 벌이면서 비싼 이자를 받고 돈을 빌려주어 우리나라 정부를 빚쟁이로 만들어 버렸어요.

🌸 물자를 옮기기 위해 철도를 만들다

일제는 우리나라에서 여러 가지 물자를 빼앗아 가기 위해 일찍이 '서울-인천'의 경인선, '서울-부산'의 경부선, '서울-의주'를 잇는 경의선 철도 등을 만들었어요. 중국 침략을 위해 만주까지 연결시켰지요. 일제는 철도를 이용해 군대와 전쟁에 필요한 물건들도 실어 날랐어요.

▲ 일제 시대의 기관차

🌸 우리의 말과 글을 없애다

일제는 우리말과 글을 쓰지 못하게 했어요. 학교에서는 일본말로 수업을 하고, 한국 역사와 지리 과목을 없앴어요. 일본어 시간을 만들어 하루에 두 시간씩 일본어를 가르쳤지요. 식민지 백성이 똑똑하면 다스리기 힘들다는 이유로 대학을 만들지 않고, 기술 교육도 금지시켰어요.

▶ 식민지 교육에 이용된 교과서들

한국사 돋보기

창경궁이 동물원이었다고?

조선 시대의 궁궐인 창경궁이 동물원과 놀이 시설을 갖춘 공원이었다는 사실을 알고 있나요? 일제는 1909년에 창경궁에 동물원과 식물원을 만들고, 2년 후 이름을 창경원으로 바꾸었어요. 벚나무 수천 그루를 심어 1924년부터는 밤 벚꽃 놀이도 했지요. 1984년에 동물원과 식물원을 없애고, 복원 작업을 거쳐 본래의 모습을 되찾았어요.

궁궐에 놀이 기구를 설치하다니, 왕족들이 봤다면 눈물 났겠다!

대한 제국의 마지막 황실 가족

일본에 나라를 빼앗기자 대한 제국의 황실에 불행이 닥쳐왔어요. 고종이 강제로 왕위에서 쫓겨나고, 그 뒤를 이은 순종은 허수아비 왕 노릇을 하다가 나라를 내주었지요. 마지막 황태자인 영친왕과 덕혜 옹주는 일본으로 끌려가 불행한 삶을 살았어요.

❁ 불행하게 살다 간 비운의 황족들

고종은 독이 든 커피를 마시고 죽었다는 이야기가 전하고, 순종은 창덕궁에서 살다가 53세에 죽었어요. 영친왕과 덕혜 옹주는 십대에 일본으로 끌려가 불행하게 살다가 1960년대 초반에 돌아왔지요.

▲ 고종 황제의 일가. 왼쪽부터 영친왕, 순종, 고종, 순종 비, 덕혜 옹주

• 대한 제국의 황제, 고종

고종 임금은 조선의 제26대 왕이에요. 1897년에 나라 이름을 대한 제국으로 바꾸고 황제가 되었지요. 열강들의 다툼 속에서 어려움을 겪다가 1907년 왕위에서 쫓겨났어요.

• 마지막 황제, 순종

고종과 명성 황후의 둘째 아들로, 1907년에 즉위했어요. 1910년에 대한 제국이 일본에 합병되면서 왕위에서 물러나 창덕궁에서 지내다가 1926년에 세상을 떠났어요.

• 마지막 황태자, 영친왕

고종의 일곱째 아들로, 순종에게 아들이 없어 황태자로 봉해졌어요. 나라를 빼앗긴 뒤 일본으로 끌려가 일본식 교육을 받고, 일본 황족인 이방자 여사와 혼인했지요.

• 마지막 황녀, 덕혜 옹주

고종이 환갑에 얻은 딸로, 14세 때 일본에 끌려가 정신병을 얻었어요. 일본 귀족과 강제로 혼인했으나 정신병이 심해져 이혼하였고, 1962년에 한국으로 돌아왔어요.

한눈에 보는 연표

우리나라 역사 　세계 역사

을사조약 ➡ **1905** ⬅ 러시아, '피의 일요일' 사건

통감부 설치 ➡ 1906
국채 보상 운동 ➡ 1907 ⬅ 영국·프랑스·러시아 삼국 협상
안중근, 이토 히로부미 죽임 ➡ 1909

▲ 중화민국을 탄생시킨 위안스카이

주권 빼앗김 ➡ **1910**

신흥 강습소 개교 ➡ 1911 ⬅ 신해혁명
'105인 사건' 일어남 ➡ 1912 ⬅ 중화민국 성립
대한 광복군 ➡ 1914 ⬅ 제1차 세계 대전(~1918)
정부 수립 　　　　파나마 운하 개통

신흥 강습소 터

신흥 강습소는 독립군을 기르기 위해 1911년에 세운 군사 학교 예요.

> 청산리 전투의 김좌진 장군도 이곳 출신이야.

1915

1917 ⬅ 러시아 혁명
3·1 운동 ➡ 1919 ⬅ 베르사유 조약
대한민국 임시 정부 수립

'피의 일요일 사건' 기록화

1905년 겨울, 평화 시위를 벌이던 러시아 노동자들에게 군대가 총을 쏘아 많은 사람이 죽거나 다쳤어요.

> 이 사건이 러시아 혁명의 불씨가 되었어.

김좌진, 청산리 대첩 ➡ **1920** ⬅ 국제 연맹 성립